MW01714962

DU TAC AU TAC RÉPONSES AUX 7/9 ANS

LES EXPLORATEURS

ÉCRIT PAR CH. MAYNARD
ADAPTÉ PAR D. RIST

Larousse

17 RUE DU MONTPARNASSE - 75298 PARIS CEDEX 06

Sommaire

Conception graphique : T. Woodley
Maquette : Dave West Children's Books
Coordination Larousse : F. Chesnais et V. Herbold

© Larousse 1994, pour l'édition en langue française
© 1993 Grisewood Dempsey Ltd., Londres
Tous droits réservés

Première publication en 1993 : Kingfisher Books
N° d'éditeur : 17608
Imprimé en Espagne
ISBN : 2-03-610023-6
ISSN en cours d'attribution

Qui a exploré le pays de Pount ?

Il y a 3 500 ans, les Égyptiens de l'Antiquité entreprennent un grand voyage d'exploration vers le pays de Pount, sous le règne de la reine Hatshepsout. Cinq bateaux et 250 marins débarquent sur la côte de la Corne de l'Afrique, au sud de la mer Rouge.

Le pays de Pount

Pount signifie « le pays de l'encens ». L'encens est une gomme-résine qui brûle en dégageant un parfum recherché. Au terme de leur voyage, les marins égyptiens atteignent la côte actuelle de la Somalie.

Les marins égyptiens apportent des bijoux et des perles de verre, et les échangent contre de l'or, du bois d'ébène, des défenses d'éléphant et de l'encens.

Au pays de Pount, l'expédition rencontre un peuple noir qui vit dans des huttes bâties sur pilotis.

Les bateaux en bois des Égyptiens naviguaient partout. On utilisait la rame par temps calme, ou les voiles en cas de vent. Le fond plat permettait d'accoster sur le rivage.

LE SAIS-TU ?

600 ans avant Jésus-Christ, une flotte de navires phéniciens était partie reconnaître les côtes de l'Afrique. Les marins étaient revenus trois ans après, disant avoir réussi leur mission, mais nous n'en avons pas la preuve.

C'EST VRAI !

Les marins de l'Antiquité se repéraient d'après les étoiles. Dans l'hémisphère Nord, l'étoile polaire indique le nord. Observe sur ce dessin la constellation du Chariot, dite aussi Grande Ourse. Les deux étoiles de l'extrémité sont dirigées vers l'étoile polaire,

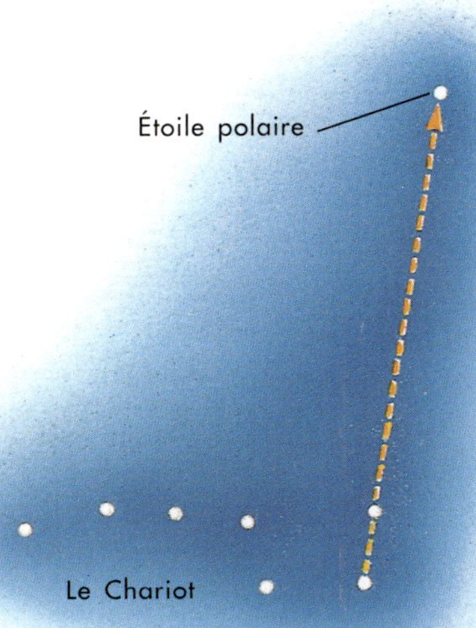

située juste au-dessus du pôle Nord. Dans l'hémisphère Sud, il n'y a pas d'étoile aussi brillante. On doit donc repérer les quatre étoiles de la Croix du Sud, puis tracer une ligne imaginaire qui traverse la constellation vers la grande branche, et la reporter sur quatre longueurs et demie : on se trouve au-dessus du pôle Sud.

À quoi servent les cartes ?

Les premiers explorateurs utilisaient déjà des cartes, car c'était la meilleure façon de représenter les différentes régions du monde. Les cartes indiquaient l'emplacement des fleuves, des montagnes, des îles et des mers. On les complétait au fil des découvertes. Les cartes permettaient aussi de mesurer les distances entre les lieux et de prévoir la durée d'un voyage.

3 Anaximandre situait la Méditerranée au centre du monde, entourée d'un continent unique. Il représentait également la Terre comme un disque.

1 Cette première carte du globe a été dressée par Anaximandre, un Grec. Elle date de 2 550 ans.

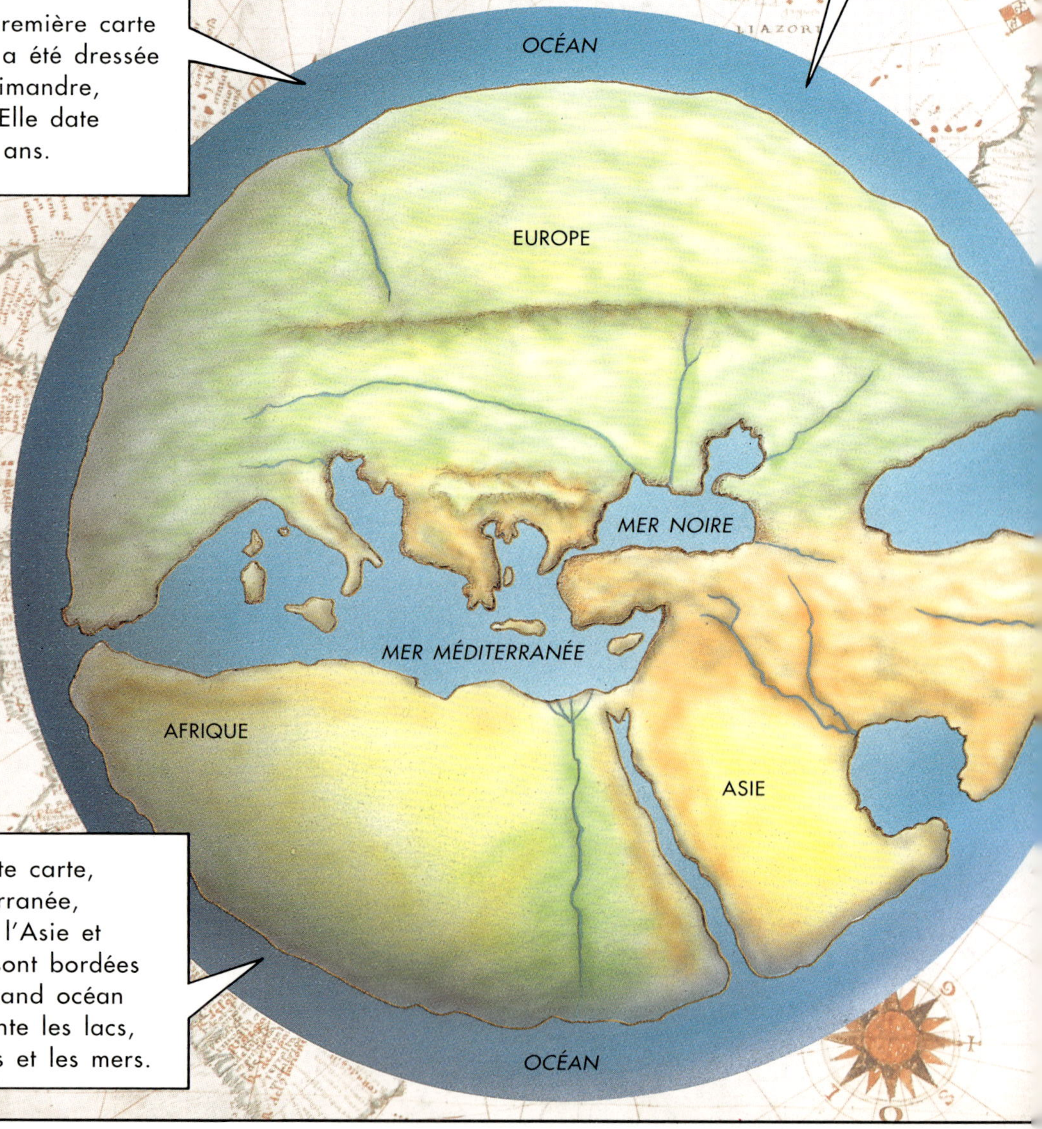

2 Sur cette carte, la Méditerranée, l'Afrique, l'Asie et l'Europe sont bordées par un grand océan qui alimente les lacs, les fleuves et les mers.

LE SAIS-TU ?

Dès le 2e siècle, les principes de la cartographie moderne avaient été définis par l'astronome grec Ptolémée. Sur sa carte, il situait le nord en haut, l'est à droite. Les lignes indiquant la latitude et la longitude lui permettaient de localiser 9 000 lieux.

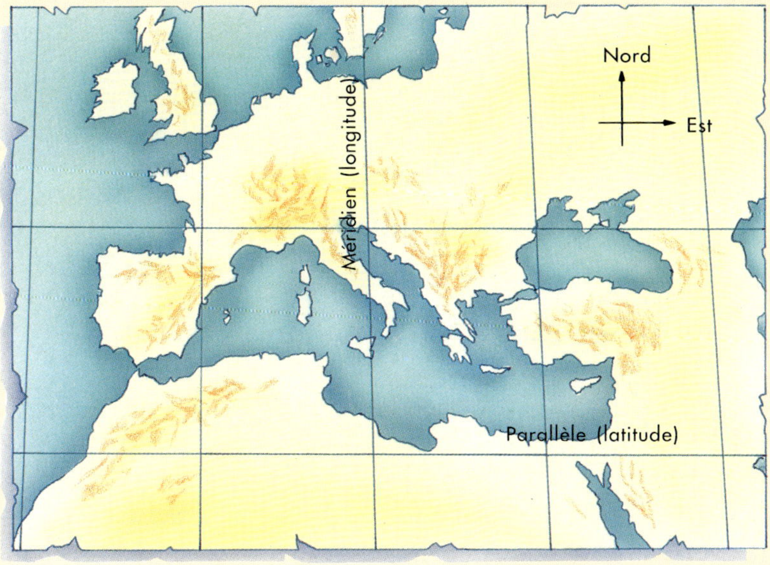

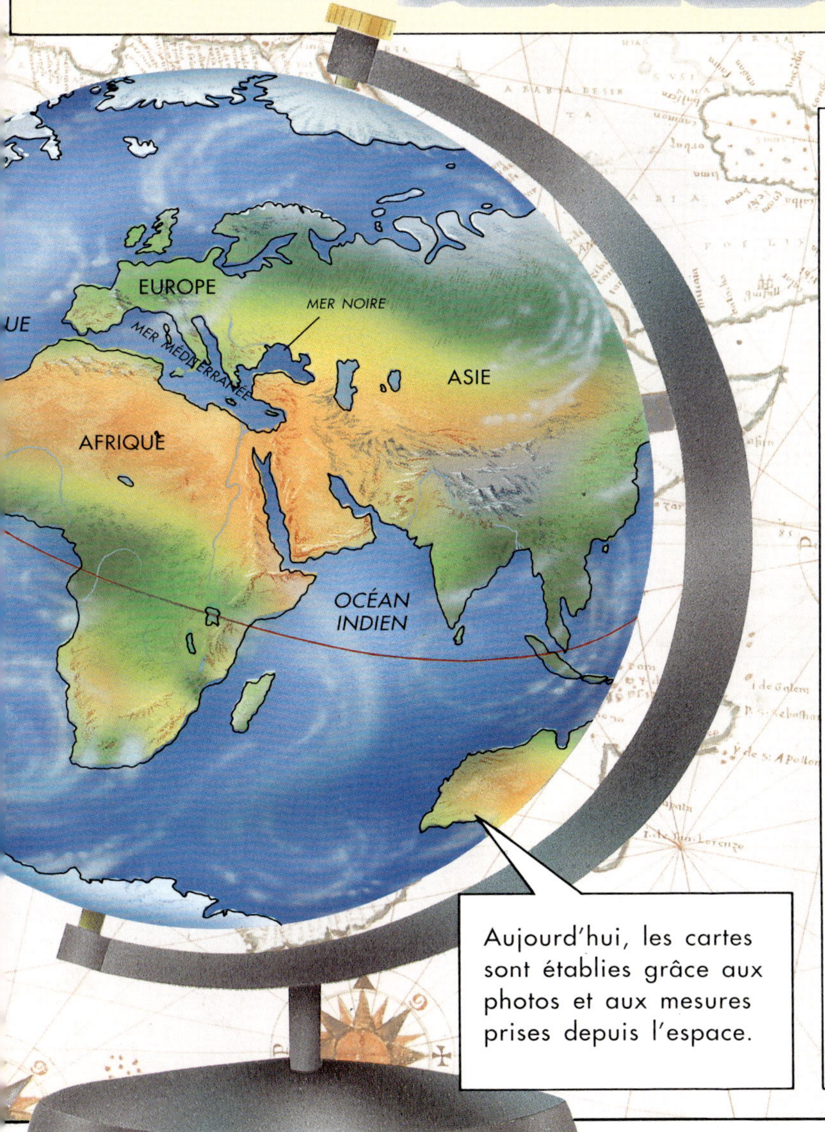

Aujourd'hui, les cartes sont établies grâce aux photos et aux mesures prises depuis l'espace.

TROUVE L'EST ET L'OUEST

1 Plante un bâton dans le sol. Mets une pierre à la pointe de l'ombre. Une demi-heure après, recommence avec une autre pierre.

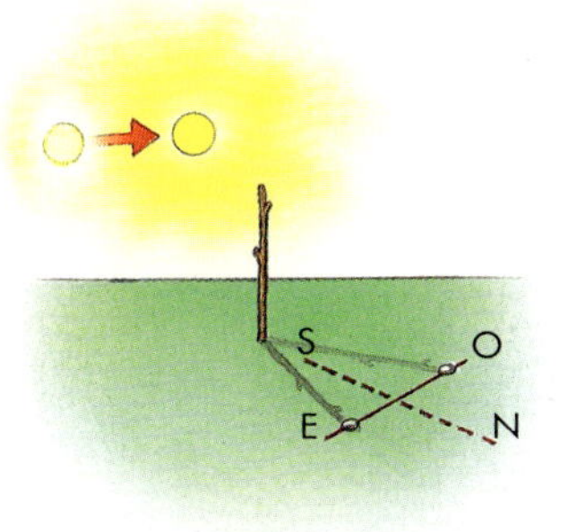

2 Les deux pierres sont séparées par la ligne est-ouest. La première est à l'ouest, la deuxième à l'est. Trace aussi la ligne nord-sud.

Pourquoi utiliser une boussole ?

La boussole est indispensable au navigateur. Elle lui permet de connaître à tout moment sa direction, de s'orienter en gardant son cap et de trouver le chemin le plus direct pour voyager d'un point à l'autre du globe. Les premières boussoles étaient rudimentaires. Une aiguille magnétique était posée sur un roseau ou une écorce flottant dans une bassine d'eau. Elles indiquaient le nord et le sud.

LE SAIS-TU ?

La boussole a été inventée en Chine, 200 av. J.-C. environ. L'aiguille était frottée contre un morceau de magnétite, à base de minerai de fer, ou sur une pierre à aimanter.

1 C'est au 14e siècle que les Italiens ont inventé la rose des vents. Les divisions du cadran indiquaient les 32 aires du vent, les points cardinaux et collatéraux.

2 La rose des vents était un instrument pratique. La couronne mobile oscillait autour d'une aiguille magnétique, grâce aux aimants placés sous le cadran. L'aiguille indiquait toujours le nord.

LA BOUSSOLE EN CHINE

Pendant l'Antiquité, en Chine, la boussole a d'abord été réservée aux diseurs de bonne aventure. Son usage s'est généralisé quand on a compris qu'elle pouvait indiquer le nord et le sud.

Comment se repérer d'après les étoiles ?

Au Moyen Âge, les navigateurs déterminaient leur position et s'orientaient en étudiant les astres du ciel. Ils mesuraient la hauteur du Soleil et des étoiles au-dessus de l'horizon grâce à divers instruments. Le quadrant, ou quart-de-cercle, a été adopté en Europe au début du 13e siècle.

Comment calculer la vitesse ?

Les marins employaient un rondin de bois et un sablier pour calculer la vitesse de leur navire. Ils jetaient le rondin dans l'eau, derrière le bateau. Le fil noué autour du rondin se déroulait quand le bateau avançait.

Qui était Ibn Battuta ?

Ibn Battuta a été l'un des plus grands explorateurs de tous les temps. À vingt ans, il quitte Tanger et se rend à La Mecque, la ville sainte des musulmans, en Arabie. Il revient trente ans plus tard, après avoir accompli un périple de 100 000 kilomètres et vécu des aventures extraordinaires : il a exploré l'Afrique, l'Inde, Sumatra, la Chine. Ambassadeur du sultan de Delhi, il a fait fortune, mais s'est ensuite ruiné. Au retour, il écrit son journal de route, qui le rend célèbre.

LES MARINS ARABES

- Les marins arabes comme Ibn Battuta étaient d'habiles voyageurs. Ils savaient naviguer loin des côtes en s'aidant de cartes qui précisaient la latitude. Ils utilisaient le rondin pour calculer leur vitesse.

- Les marins arabes ont été les premiers à sillonner l'océan Indien, reliant ainsi l'Afrique, l'Inde et Java.

- Ils naviguaient sur des boutres, munis de voiles triangulaires, bien adaptées au vent de l'océan.

1 Ibn Battuta quitte Tanger, au Maroc, en 1325. Il explore le monde pendant 30 ans. Cette carte retrace les grandes étapes de son itinéraire.

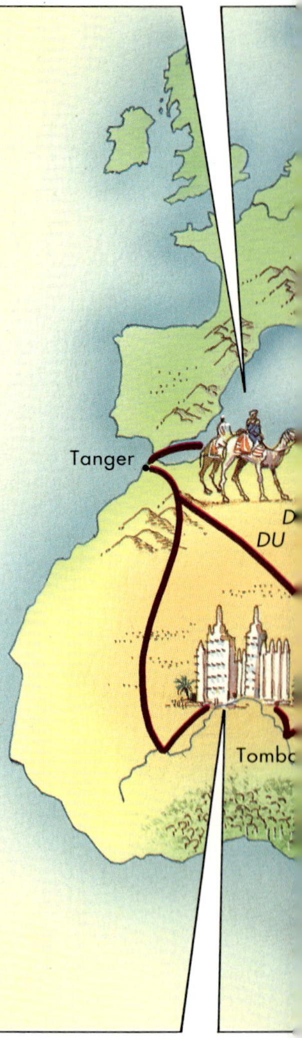

9 En 1352, il traverse le désert du Sahara. À Tombouctou, il rencontre des hommes au visage voilé. Il est choqué en voyant les femmes se promener nues. Ibn Battuta regagne Tanger en 1355.

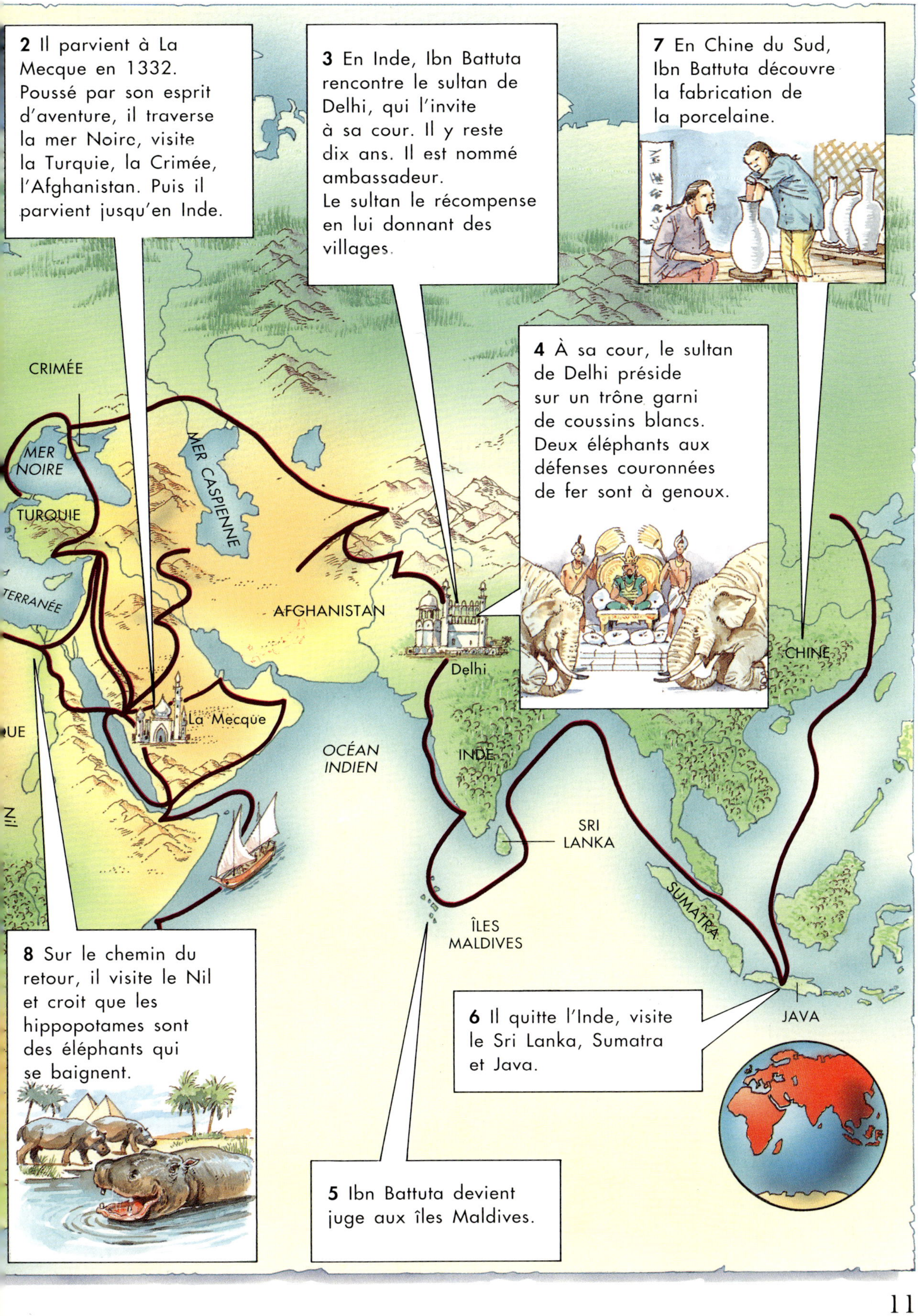

2 Il parvient à La Mecque en 1332. Poussé par son esprit d'aventure, il traverse la mer Noire, visite la Turquie, la Crimée, l'Afghanistan. Puis il parvient jusqu'en Inde.

3 En Inde, Ibn Battuta rencontre le sultan de Delhi, qui l'invite à sa cour. Il y reste dix ans. Il est nommé ambassadeur. Le sultan le récompense en lui donnant des villages.

4 À sa cour, le sultan de Delhi préside sur un trône garni de coussins blancs. Deux éléphants aux défenses couronnées de fer sont à genoux.

5 Ibn Battuta devient juge aux îles Maldives.

6 Il quitte l'Inde, visite le Sri Lanka, Sumatra et Java.

7 En Chine du Sud, Ibn Battuta découvre la fabrication de la porcelaine.

8 Sur le chemin du retour, il visite le Nil et croit que les hippopotames sont des éléphants qui se baignent.

Par où passait la Route de la soie ?

La Route de la soie était constituée d'un ensemble de pistes qui traversaient l'Asie centrale sur des milliers de kilomètres. De 500 av. J.-C. à l'an 1450 de notre ère, elle a été le principal moyen de communication entre l'Orient et l'Occident. Grâce à elle, les splendeurs de la Chine parvenaient jusqu'en Europe, en passant par le monde arabe. Les marchands qui empruntaient cette route rapportaient d'Orient des produits précieux, comme la soie, les perles et la porcelaine.

Une grande partie de la Route de la soie passait par de vastes déserts. En été, la chaleur torride tuait hommes et animaux. Les villes situées aux limites du désert étaient des étapes vitales pour les voyageurs et les bêtes qui suivaient la Route de la soie.

LES OASIS

- Les oasis sont des lieux, dans le désert, où il y a de l'eau et de la végétation.
- Dans beaucoup d'oasis de la Route de la soie, il faisait si chaud en été que les habitants vivaient abrités sous terre.

- Ils cultivaient le blé, le coton, les melons, la vigne. Ils élevaient des moutons et des chevaux et ravitaillaient les voyageurs et les commerçants qui y faisaient étape.

LE SAIS-TU ?

En 1931, 14 voitures Citroën ont emprunté la Route de la soie en suivant l'ancien chemin des caravanes. L'expédition a dû affronter bandits, routes embourbées, déserts de pierre et montagnes enneigées.

La Route de la soie

La Route de la soie était longue, difficile et dangereuse. Elle traversait de grandes étendues arides et des chaînes de montagnes. Le voyage entre Pékin et Samarkand durait 6 mois. Il fallait ensuite rejoindre la Turquie.

Qui était Marco Polo ?

Marco Polo était un marchand vénitien. À dix-sept ans, il se lance dans une grande aventure. Il quitte Venise et part pour la Chine avec son père et son oncle. Les trois hommes suivent la Route de la soie et arrivent en 1275 à Pékin, à la cour de l'empereur mongol Kubilay Khan. Quatre ans se sont écoulés depuis leur départ d'Italie. À son retour en Europe, Marco Polo raconte son voyage dans son *Livre des merveilles*.

À LA COUR DU KHAN

- Kubilay Khan est riche. Ses banquets comptent parfois 40 000 invités.
- Sur le toit du palais, les astrologues psalmodient pour chasser les nuages.
- Lorsque Kubilay Khan boit, ses courtisans s'agenouillent. Un orchestre se met alors à jouer.
- 10 000 hommes rabattent le gibier lors de la chasse offerte par le khan à Marco Polo.
- La cour du khan passe l'hiver à Pékin, ou à Khanbalik, la capitale de l'empire. Cette cité splendide émerveille Marco Polo. Son plan ressemble à un échiquier. Les rues rectilignes permettent de découvrir la ville d'un seul coup d'œil.

Quand ont eu lieu les grandes découvertes

Au 15e siècle, les Européens cherchent une route maritime vers l'Extrême-Orient, qui leur permette d'atteindre directement la Chine. Ils se lancent alors à la conquête des océans et découvrent de nouvelles terres. L'exploration du globe se poursuit pendant trois cents ans.

Les rois de Portugal, Henri le Navigateur et Jean II, organisent l'exploration des côtes africaines. Ils espèrent ainsi ouvrir une nouvelle route maritime vers l'est.

L'Espagne choisit de rejoindre la Chine par la route de l'Ouest, en affrontant l'océan Atlantique. La première traversée a lieu en 1492.

Au début du 15e siècle, les Portugais inventent la caravelle. Ce petit navire aux voiles triangulaires est rapide et surtout très facile à manœuvrer. Il résiste bien aux vagues violentes, qui sont fréquentes dans l'océan Atlantique.

En 1474, Lopo Gonçalves franchit l'équateur et prouve que les marins ne périssent pas ébouillantés dans ces eaux tropicales, comme on le croyait à l'époque.

LES PORTUGAIS ET LA MER

• Le roi Henri le Navigateur se passionnait pour les explorations et la cartographie.

• La caravelle était un bateau en bois. Son équipage comptait 25 hommes. Ses voiles triangulaires lui permettaient de naviguer vent debout ou vent arrière.

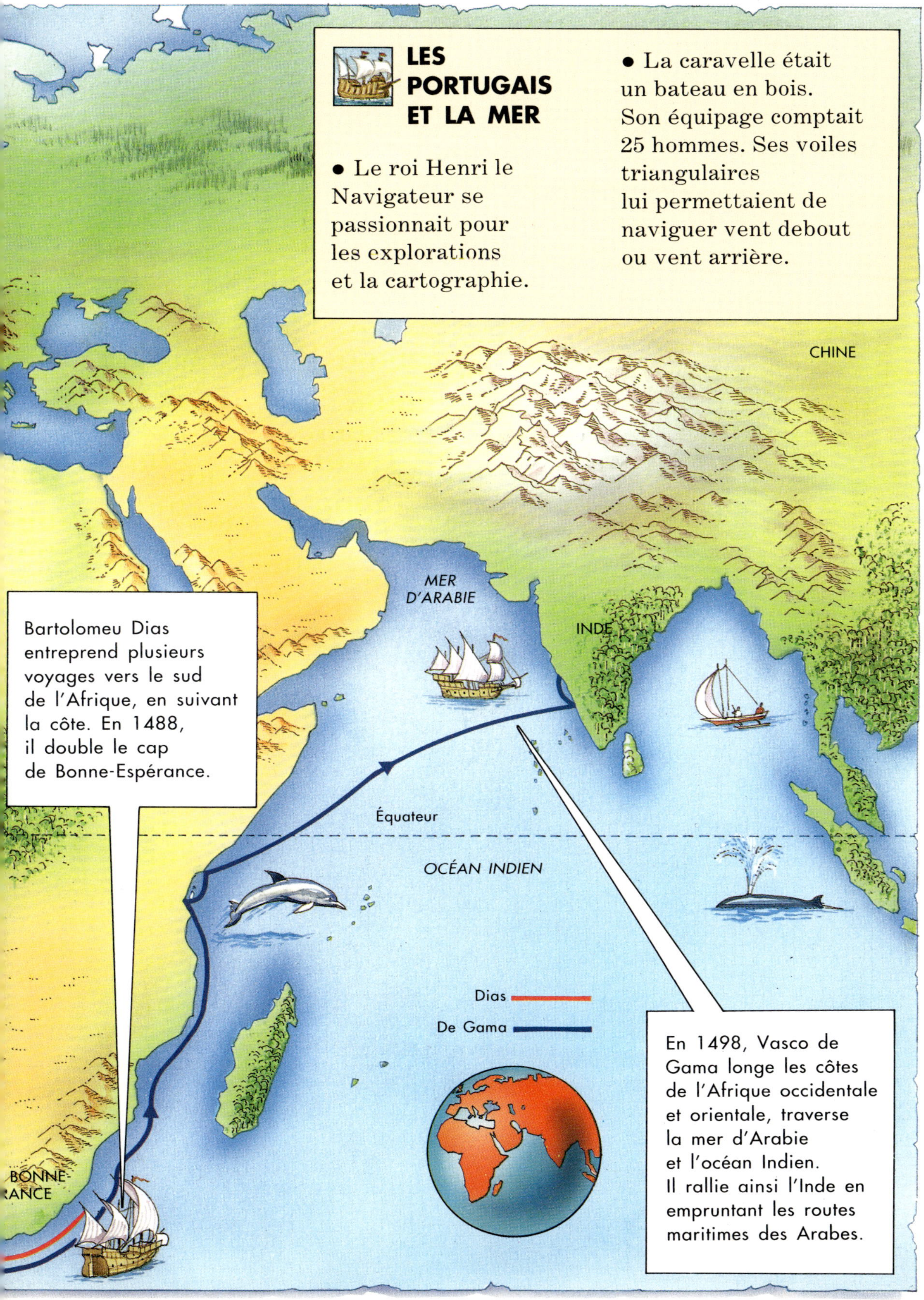

Bartolomeu Dias entreprend plusieurs voyages vers le sud de l'Afrique, en suivant la côte. En 1488, il double le cap de Bonne-Espérance.

En 1498, Vasco de Gama longe les côtes de l'Afrique occidentale et orientale, traverse la mer d'Arabie et l'océan Indien. Il rallie ainsi l'Inde en empruntant les routes maritimes des Arabes.

Qui était Christophe Colomb ?

En 1492, Christophe Colomb dirige une expédition espagnole qui traverse l'Atlantique pour atteindre l'Extrême-Orient. Trois mois après avoir quitté un petit port près de Séville, il atteint l'archipel des Bahamas et croit débarquer sur la côte du Japon. Il vient en fait de découvrir l'Amérique. Il revient en Espagne en 1493. Colomb poursuivra son exploration des îles de la mer des Caraïbes au cours de trois autres voyages.

Le 12 octobre 1492, 37 jours après avoir quitté les îles Canaries, un marin de la *Pinta* aperçoit enfin la terre. C'est Samana Bay, une île des Bahamas.

LE SAIS-TU ?

Colomb avait un prédécesseur. Vers l'an mille, le Viking Leif Eriksson avait monté une expédition et débarqué sur la côte de l'Amérique du Nord.

Mais il n'y était pas resté. À l'époque, en effet, sa découverte n'intéressait personne.

La *Pinta* et la *Niña* disposent d'un seul pont, sans abri. Les hommes dorment dans des hamacs, ou à même le sol.

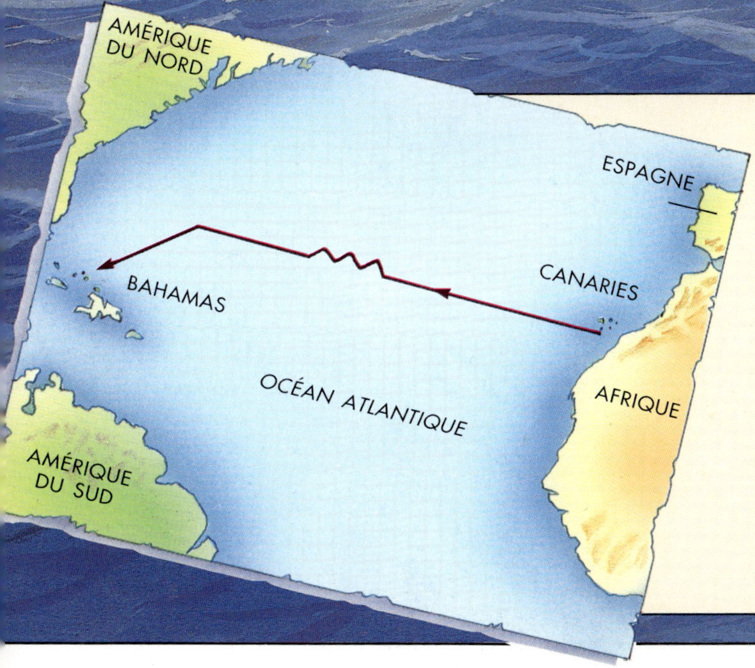

Vaincre l'Atlantique

Colomb était un navigateur hardi et intelligent. Il avait choisi de suivre une route qu'il savait longue, mais c'était pour profiter des alizés. Ces vents réguliers permettent en effet d'effectuer la traversée de l'Atlantique en un temps record.

Qui a exploré l'Amérique du Nord ?

La découverte de Colomb avait ouvert le chemin de l'Amérique aux Européens. Au 16e siècle, les expéditions se multiplient. Les Espagnols s'installent au Mexique et en Amérique du Sud. Les Français et les Anglais se partagent l'exploration de l'Amérique du Nord. Le Français Jacques Cartier entreprend trois voyages au Canada, entre 1534 et 1542. En 1535-1536, il explore l'estuaire du Saint-Laurent et remonte le cours du fleuve, bordé de vastes forêts, jusqu'aux sites de Québec et de Montréal.

En 1535, Cartier part de Saint-Malo avec trois bateaux et 110 hommes. François Ier, roi de France, finance l'expédition. Cartier a pour objectif de rapporter de l'or.

Il est bien accueilli par les Indiens du Québec en 1535, lors de son deuxième voyage.

À BORD D'UN BATEAU

- En mer, les marins mangeaient des biscuits moisis et du porc salé. Les aliments étaient souvent avariés. Il fallait en ôter les vers avant de manger.
- On cuisait les aliments dans une boîte en fer posée sur du sable, à l'avant du bateau.
- Rats, poux et cafards pullulaient à bord.
- Les marins dormaient sur le pont. Seuls les officiers avaient des couchettes.
- Les hommes buvaient peu d'eau. Ils préféraient la bière et le cidre.
- Chaque marin apportait ses propres vêtements pour la traversée.
- Les marins qui partaient en voyage d'exploration espéraient faire fortune.

LE SAIS-TU ?

Les explorateurs européens cherchaient une route plus courte vers la Chine. En fait, pour l'atteindre, il aurait fallu qu'ils parcourent une distance trois fois plus longue.

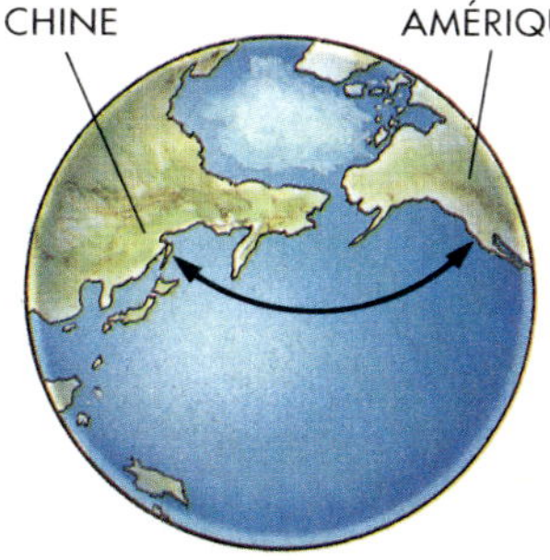

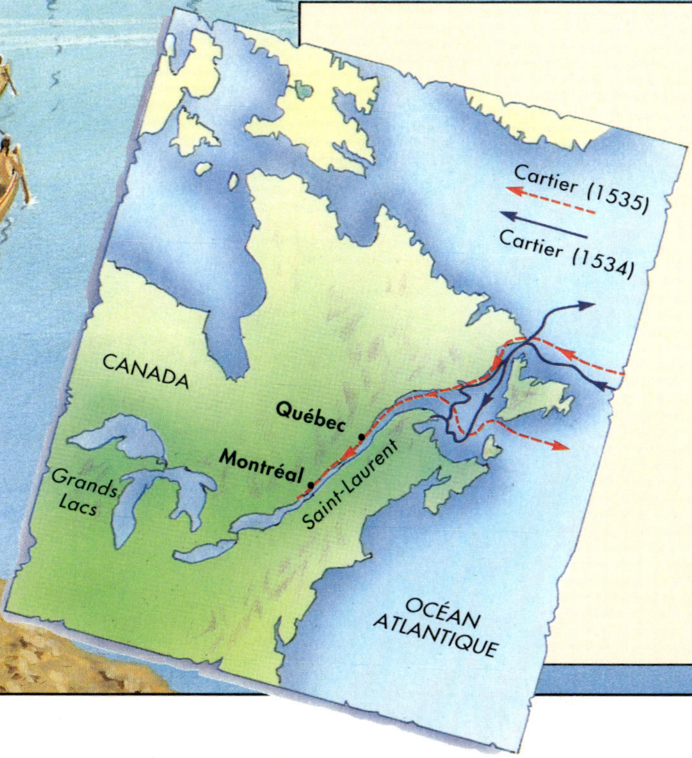

Les voyages de Cartier

Lors de son premier voyage, en 1534, Cartier découvre Terre-Neuve. Au cours du deuxième voyage, il remonte le Saint-Laurent à bord de l'*Émerillon*. Au cours de son troisième voyage, en 1541-1542, il reprend l'exploration du fleuve, mais ne découvre toujours pas de métaux précieux.

Où est le « passage du Nord-Ouest » ?

Au 16e et au 17e siècle, des explorateurs européens tentent de trouver un passage au nord-ouest de l'Amérique. Ce passage permettrait de contourner le nord de l'Amérique, rendant ainsi plus court le trajet vers l'océan Pacifique et l'Extrême-Orient. Pendant soixante ans, les expéditions se succèdent, mais elles échouent face aux glaces de l'Arctique. Ce ne sera qu'en 1906 qu'on découvrira ce « passage du Nord-Ouest ».

William Baffin atteint le nord de la baie de Baffin en 1616. Il redescend vers le sud et manque le détroit de Lancaster, qui lui aurait ouvert le passage du Nord-Ouest.

Martin Frobisher est le premier Européen à rencontrer des Inuit. La petite taille et les traits mongols de ceux-ci lui font croire qu'il s'approche de l'Asie.

En juin 1610, Henry Hudson entre dans une baie immense. Mais, piégé par les glaces de l'automne, il doit s'arrêter là et attendre la fin de l'hiver.

L'équipage se mutine au printemps suivant. Hudson est abandonné dans un canot à la dérive. Il disparaît pour toujours.

En 1576, Martin Frobisher accoste au sud-est de l'île de Baffin. Il découvre une grande baie, à laquelle il donne son nom. Il pense avoir trouvé l'entrée du passage.

En 1587, John Davis remonte la côte du Groenland. Il passe par l'île de Baffin et le détroit de Cumberland. Mais son expédition ne parvient pas à découvrir le fameux passage.

LE SAIS-TU ?

L'Anglais Martin Frobisher découvre dans une baie du Canada des minerais incrustés de paillettes brillantes. En 1578, il organise une ruée vers l'or avec 15 navires. À son retour en Angleterre, on s'aperçoit que ces roches ne sont que de la pyrite de fer.

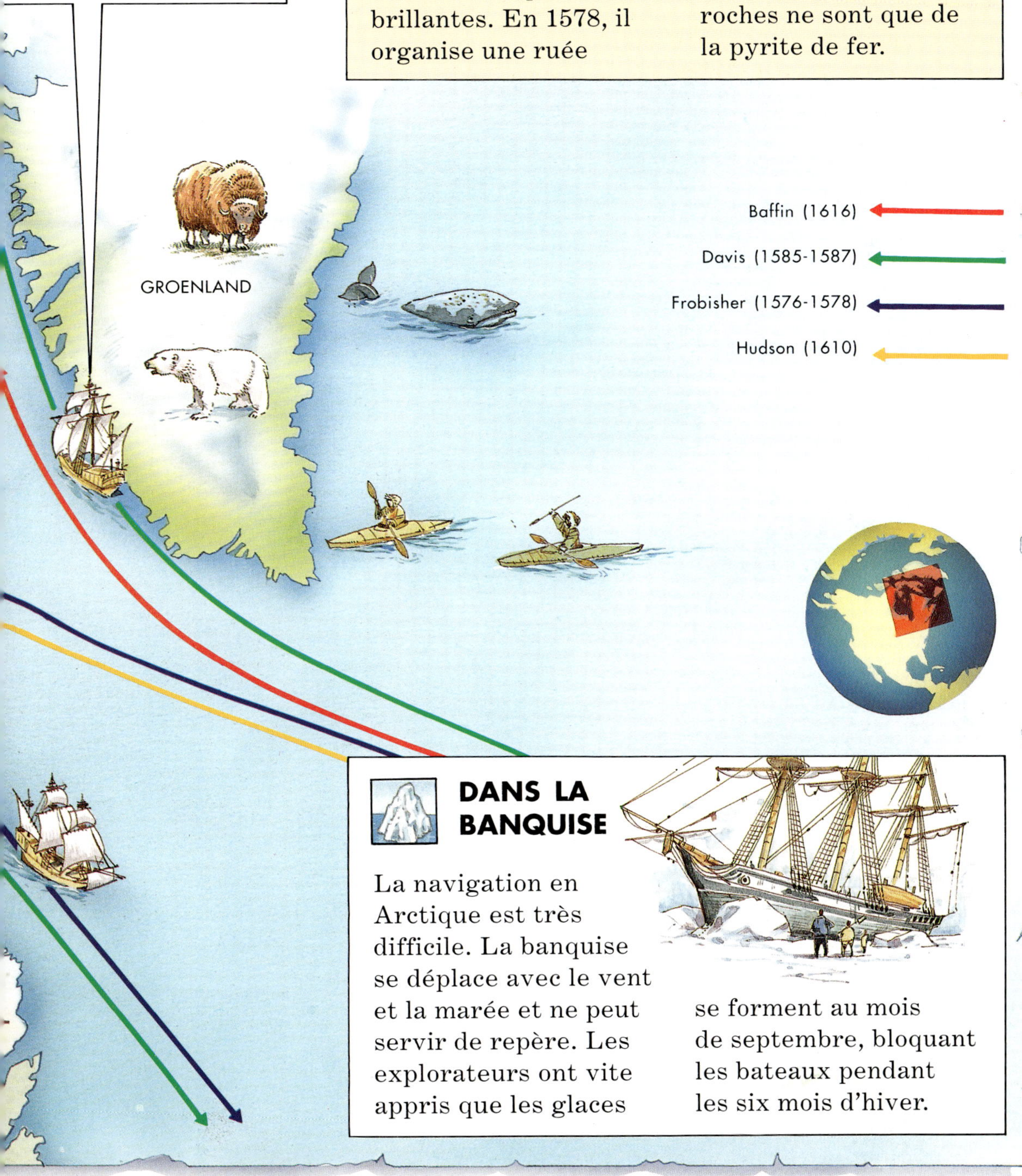

DANS LA BANQUISE

La navigation en Arctique est très difficile. La banquise se déplace avec le vent et la marée et ne peut servir de repère. Les explorateurs ont vite appris que les glaces se forment au mois de septembre, bloquant les bateaux pendant les six mois d'hiver.

Qui étaient les conquistadores ?

Les conquistadores étaient les soldats espagnols partis à la conquête de l'Amérique, au 16e siècle. Ces aventuriers du Nouveau Monde recherchaient des métaux précieux. Ils soumettaient les Indiens, s'emparaient de leurs terres, construisaient des villes et exploitaient les richesses de l'Amérique. En cinquante ans, ils ont bâti l'Empire espagnol, qui s'étendait du Mexique à l'Argentine.

LE SAIS-TU ?

En 1532, Francisco Pizarro débarque au Pérou avec 180 soldats et 37 cavaliers. Il conquiert peu à peu l'Empire inca. Le conquistador capture par traîtrise le roi Atahualpa. Les Incas acceptent de payer une forte rançon. Ils rassemblent des objets d'or et d'argent et en remplissent une pièce à hauteur d'homme. Mais les Espagnols exécutent le roi et achèvent la conquête de l'Empire inca, en s'emparant de Cuzco, la capitale.

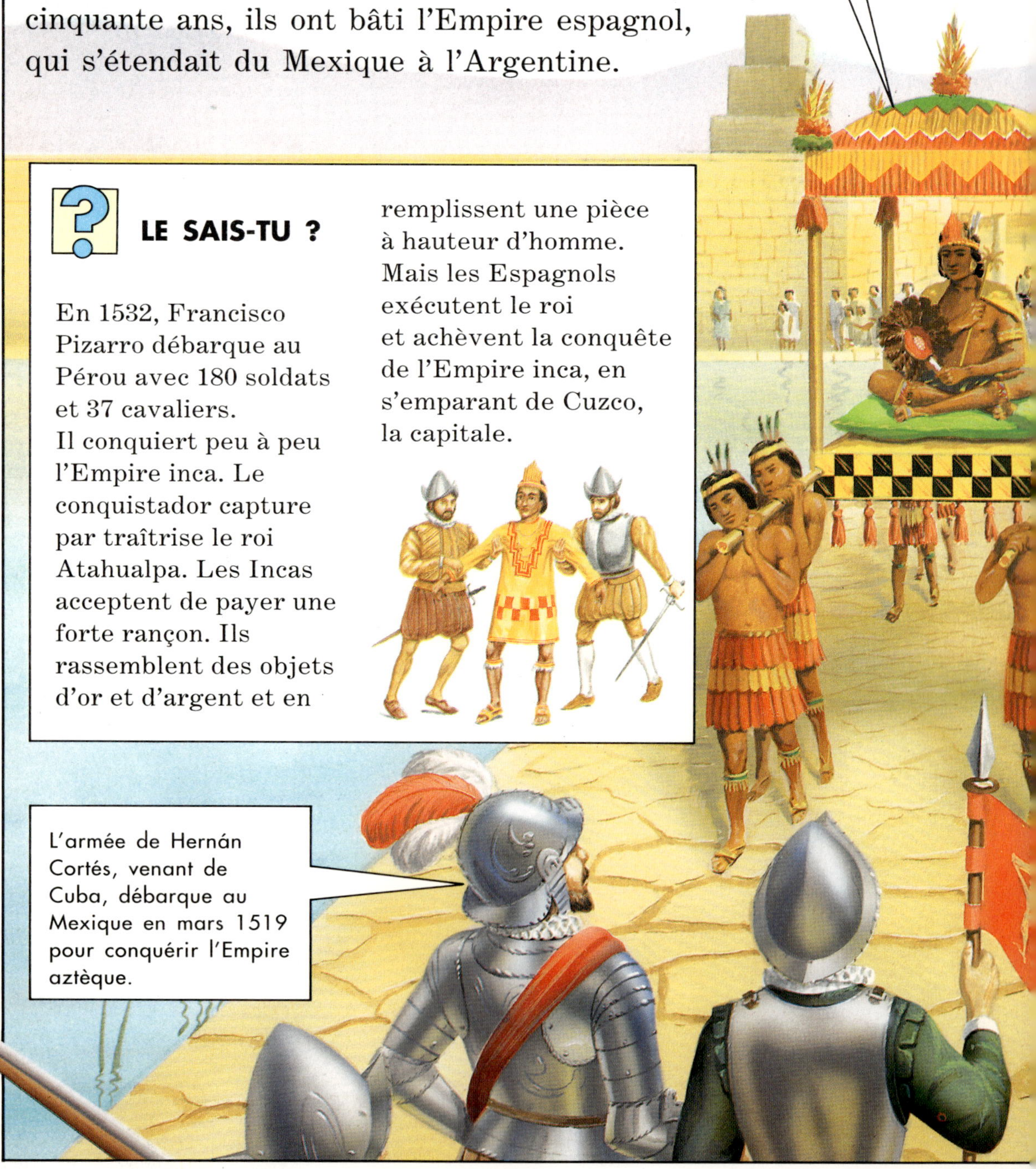

Aztèques et Incas

Les Aztèques sont des Indiens du Mexique. Les Incas vivent dans les Andes, en Amérique du Sud.

Qui a exploré la Sibérie ?

La Sibérie est une immense région qui s'étend à l'est de la Russie. Elle reste longtemps un espace inconnu, laissé en blanc sur les cartes. Les Cosaques entreprennent sa conquête à partir de 1550. Ils avancent peu à peu vers l'est, mais ne font aucune carte des territoires soumis. L'exploration scientifique de la Sibérie s'organise au début du 18e siècle.

LE SAIS-TU ?

Les Cosaques étaient des cavaliers de l'armée russe, organisés en troupes autonomes qui élisaient leur chef. Ils ont imposé la domination russe en Sibérie au cours du 17e siècle.

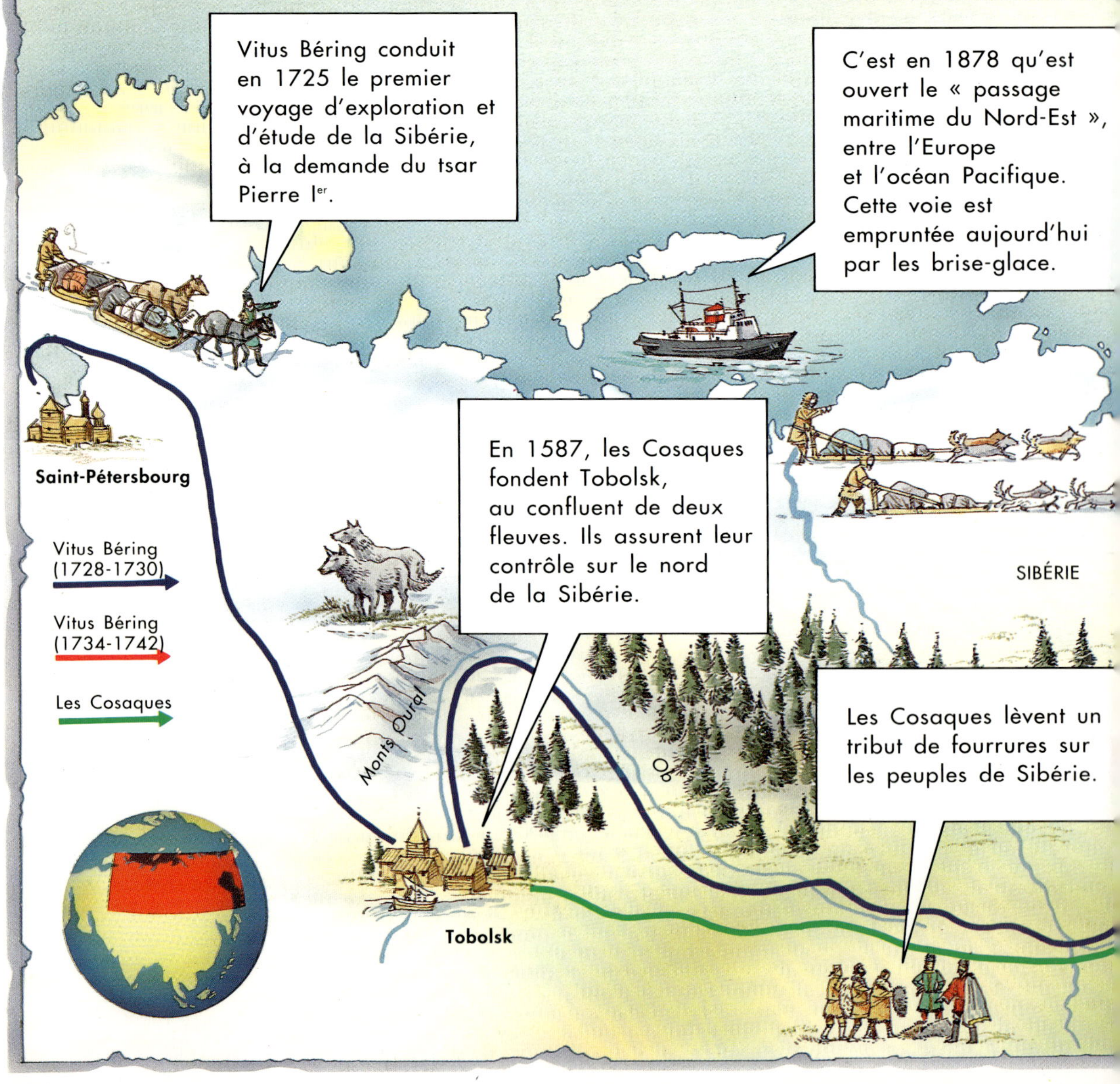

C'EST VRAI !

La Sibérie s'étend des monts Oural à l'océan Pacifique, et de l'Arctique à l'Asie centrale. Sa superficie est 25 fois supérieure à celle de la France. Elle détient le record de froid du globe.

Qui a exploré le Pacifique ?

L'océan Pacifique est aussi vaste que l'ensemble des continents. C'est un océan immense. James Cook a été le grand explorateur du sud du Pacifique et de l'Océanie. Le capitaine anglais a entrepris trois voyages autour du monde. Lors de la première expédition, il découvre la Nouvelle-Zélande. Il cartographie la côte est de l'Australie et relève la position d'une multitude d'îles du Pacifique. Au cours du voyage, des botanistes et des naturalistes étudient les plantes et les animaux que les explorateurs rapportent.

Les voyages de Cook

De 1768 à 1779, Cook sillonne le Pacifique. Il découvre la Nouvelle-Calédonie et les îles Hawaii. Il explore aussi les côtes de l'Alaska.

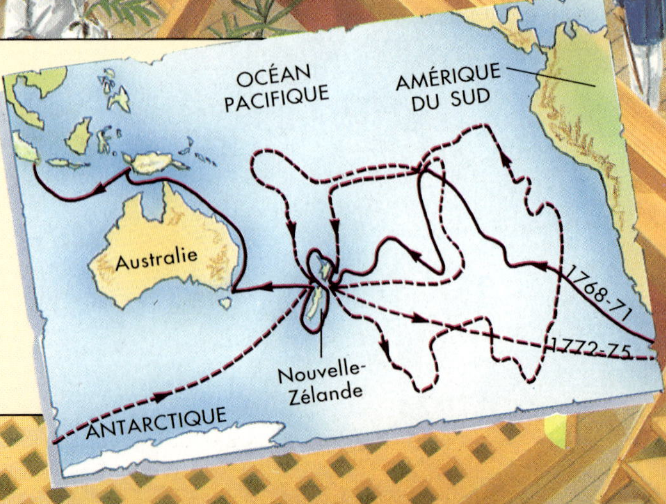

Des artistes dessinent les personnes, les plantes, les animaux et les paysages rencontrés en chemin.

Cook navigue en utilisant le chronomètre. Cette montre précise lui permet de déterminer la longitude en mer.

Cook note la position réelle d'îles jusque-là mal cartographiées, « redécouvertes » au cours de plusieurs voyages.

L'*Endeavour* est le premier navire de Cook. Ce charbonnier de 29 mètres est grand, solide et adapté aux longues traversées.

FABRIQUE TA BOUSSOLE

Cook a précisé la position des îles du Pacifique en utilisant le compas, le chronomètre et divers instruments de navigation. Il a réalisé un travail exceptionnel.

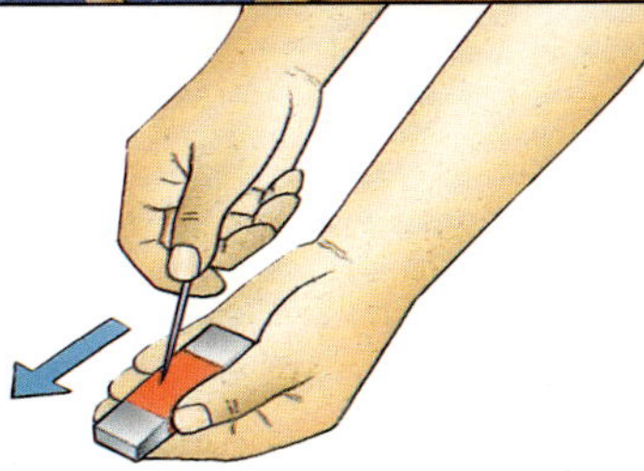

Pour fabriquer ta propre boussole, passe une aiguille sur le côté d'un aimant.

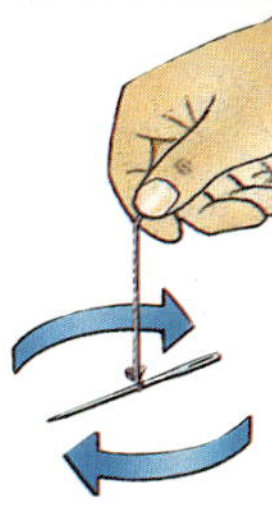

Attache un fil autour de l'aiguille, qui oscille avant de s'arrêter en indiquant le nord.

Où est située Tombouctou ?

Tombouctou est située sur le Niger, à la limite du désert du Sahara. Au début du 19e siècle, cette capitale d'un royaume riche et peu connu est interdite aux Européens. Elle leur semble mystérieuse et inaccessible. En 1828, le Français René Caillié tente l'aventure et réussit à la visiter, en se faisant passer pour un Égyptien musulman. À son retour, il reçoit en récompense de ses exploits un prix de 10 000 francs, que lui offre la Société géographique de Paris.

LE SAHARA

Le Sahara est le plus grand désert du monde. Il occupe un tiers de l'Afrique. Certaines régions sont formées de plateaux rocheux. D'autres sont couvertes de dunes de sable.

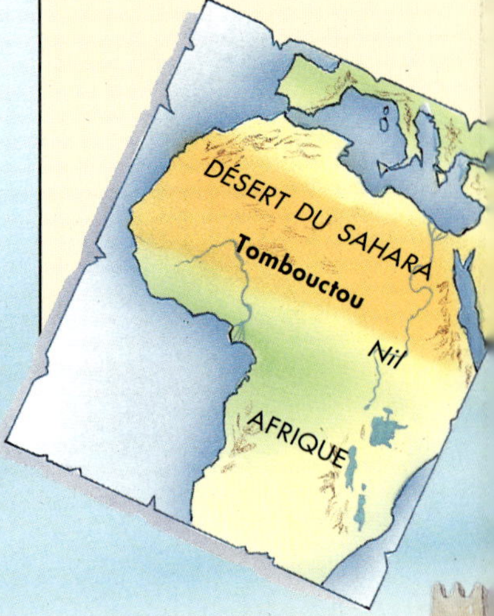

Où sont les sources du Nil ?

Deuxième fleuve du monde par sa longueur, le Nil prend sa source près du lac Victoria, puis il coule vers le nord, traverse le Soudan et l'Égypte, et se jette dans la mer Méditerranée. Depuis l'Antiquité, la localisation exacte de ses sources reste une énigme. Au milieu du 19e siècle, des explorateurs britanniques rivalisent pour résoudre la question.

LE SAIS-TU ?

En Afrique orientale, les expéditions se font à pied ou sur les fleuves. On n'utilise pas d'animaux, très souvent victimes de la maladie du sommeil, que transmet la mouche tsé-tsé.

Mouche tsé-tsé

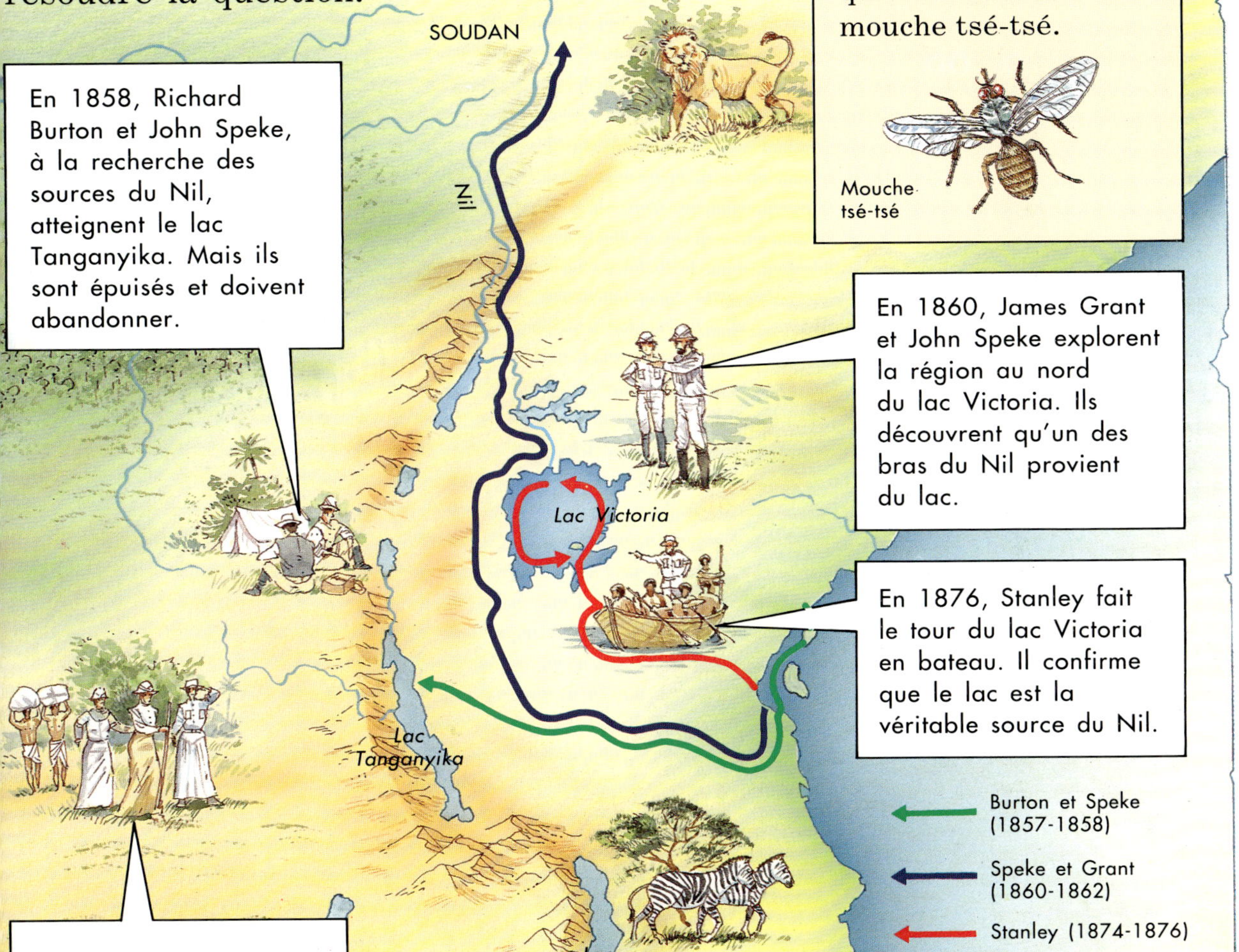

Qui était Livingstone ?

En 1866, Livingstone entreprend un voyage pour éclaircir le mystère des sources du Nil. Il découvre ainsi de nouvelles régions de l'Afrique orientale. Cinq ans plus tard, le missionnaire ne donne plus de nouvelles. Les Anglais s'inquiètent. Le journal américain *New York Herald* envoie à sa recherche Henry Stanley, un reporter. Stanley retrouve Livingstone dans un village, près du lac Tanganyika, le 28 octobre 1871. Il le salue en lui demandant avec humour : « Docteur Livingstone, je présume ?»

Stanley organise ses voyages d'exploration en Afrique comme des expéditions militaires. Il envoie régulièrement des rapports sur ses missions.

Livingstone souffre de fièvres. Il refuse de rentrer en Angleterre et meurt près du lac Bangweulu, en 1873.